Buch der Limericks

Ole Haldrup

Buch der
Limericks

Nereus

Die Deutsche Bibliothek - CIP Einheitsaufnahme

Haldrup, Ole:

Buch der Limericks / Ole Haldrup. [Zeichn.: Horst Dubiel].-
2. Auflage
Marburg: Nereus 2000

Gestaltung: Susanne Happle, Nadine Geffers; Zeichnungen: Horst Dubiel

Gesamtherstellung: Geffers Druck & Design
  31246 Lahstedt / Groß Lafferde
  Tel. 05174/455

Alle Rechte vorbehalten. Nachdruck, auch auszugsweise, sowie foto-
mechanische Wiedergabe nur mit Genehmigung des Verlages.

Nereus Verlag, Marburg
Tel. 06421/34253

ISBN 3–00–006927–5

Für Karin, Susanne und Christine

Inhalt

Insel-Limericks 9

Wege ins Glück 15

Olympische Limericks 21

Welt der Technik 29

Im Lande der Bayern 33

Ein Mensch, den man nicht vergißt 37

Italienische Reise 43

Jahrmarkt der Peinlichkeiten 49

Unbekanntes Frankreich 55

Erste Hilfe 59

Fromme Gedanken 63

Nordische Nächte 67

Mensch und Tier 73

Rätselhafte Fälle 77

Afrikanische Spiele 81

Anekdoten mit Toten 85

Amsel, Drossel, Storch und Specht 89

Im Reich der Töne 93

Kontroverse Verse 97

Szenen aus den Niederlanden 103

Pathologische Limericks 107

Österricks 113

Pläne und Pleiten 119

Schweizericks 123

Notiz 129

Orte und Stichworte 133

Insel-Limericks

Insel-Limericks

Eine schöne Frau auf Sansibar
vergaß, bei welchem Mann sie war,
   und stöhnte: "Per,
   du bist zu schwer!"
Obwohl's gerade Hansi war.

Ein Hund aus Berlin lief auf Amrum
am Hafen nervös auf dem Damm rum,
   suchte "Unter den Linden"
   und konnt es nicht finden,
denn nirgends steht dort so ein Stamm rum.

Eine Frau sprach in Kampen auf Sylt:
"Die Männer gehn hier unverhüllt,
   doch die Kälte der Nordsee
   ist dran schuld, daß ich fortseh.
Ihr Anblick wirkt hier so zerknüllt."

Insel-Limericks

Wege ins Glück

Wege ins Glück

Es sprach eine Braut in Waldsassen
in der Brautnacht: "Es ist nicht zu fassen,
    wie unglaublich genau
    doch Mann und Frau
im Grunde zusammen passen."

Es lebt im Dorfe Fessenheim
ein Ehemann, in dessen Heim
    man nichts mehr spricht
    (seit Jahren nicht),
und er kommt nur zum Essen heim.

Es liebte ein Herr in Malente
so sehr das dolce far niente,
    daß er frisch getraut
    zum Ärger der Braut
die Hochzeitsnacht verpennte.

Es war eine Oma in Isny,
die sagte zum Opa: "Vergiß nie,
   nach Genuß von Würsten
   die Zähne zu bürsten,
sonst leih ich dir mein Gebiß nie."

Das Ehepaar Schulz aus Braunlage,
das hätte sich ganz ohne Frage
   gern noch einmal beringt,
   aber nicht unbedingt
wieder beide am selbigen Tage.

Eine schöne Frau lebt in Bagdad,
die mit niemandem mehr Kontakt hat,
   weil ihr Mann, leiderfahren,
   sie schon vor Jahren
in eine Kiste verpackt hat.

Ein Ehepaar lebte in Peking,
das einander stumm aus dem Weg ging
    an jenen Tagen,
    wenn sozusagen
im Hause das Maobild schräg hing.

Als sich einstmals im Frühling ein Balte
in ein munteres Mädchen verknallte,
    da gestand er ihr gern:
    "Meine Göttin, mein Stern!"
Heute nennt er sie nur seine Alte.

Wege ins Glück

Olympische Limericks

Olympische Limericks

Ein Sprinter stellte in Halle
den Mitläufern eine Falle.
   Er trug seine Hose
   mit Absicht lose
und rief plötzlich: "Ihr könnt mich mal alle!"

Ein mutiger Mensch aus Brünn
liebt eine Ringkämpferin.
   Der Sinne beraubt
   dreht sie ihm das Haupt
sechsmal im Uhrzeigersinn.

Eine Weitspringerin rief in Chile:
"Ich kenn nichts mehr als nur noch die Spiele!"
   Beim olympischen Dreisprung
   kam es zum Eisprung.
Jetzt hat sie auch andere Ziele.

"Die potentesten Männer", sprach Jutta,
"sind die Fakire von Kalkutta.
    Doch ach, ihr Bett
      ist ein Nagelbrett,
und man macht sich als Frau ganz kaputt da."

Drei keusche Knaben aus Säckingen
sublimierten, indem sie am Reck hingen.
    Sie trimmten sich gut,
      doch sie spürten im Blut,
daß die Triebe vom Turnen nicht weggingen.

Und da gab's jene Dame aus Pressig,
welche Jahr für Jahr unablässig
    einen Seitensprung machte,
      indem sie sich dachte:
"Was ich nicht trainiere, vergeß ich."

Ein Leichtathlet aus dem Hardtwald,
der sprach zum Psychiater: "Ich wart halt
   vergebens beim Sex
   auf meinen Reflex,
weil keine Pistole beim Start knallt."

Ein Skispringer sagte in Finnland:
"Ich pflege im Ausland und Inland
   gewaltige Weiten
   im Flug zu erstreiten.
Nur schad, daß ich stets auf dem Kinn land."

"Ich fürchte", sprach Vroni aus Imst,
"wenn du jetzt, lieber Toni, noch schwimmst,
   daß in Anbetracht
   der kommenden Nacht
du dich vielleicht übernimmst."

Siebenmal in der Nacht trieb's ein Lette
mit seiner Gespielin im Bette.
    Sie frug: "Liebst Du mich sehr?"
    Und er sprach: "I woher,
ich verlier aber sonst meine Wette."

Ein Fallschirmspringer aus Bandung
trainierte die weiche Landung
    auf dem Leib seiner Frau,
    doch er traf nie genau,
sondern stets nur die Bettumrandung.

Ein steinalter Rentner aus Hungen,
geht gern auf Beerdigungen.
    Und er steht dort ganz bieder,
    so als wär ihm schon wieder
eine sportliche Leistung gelungen.

Ein Gewichtheber, wohnhaft in Schlettstadt,
war so stark, daß er in seiner Bettstadt
    die begeisterten Damen,
    die zu ihm kamen,
beim ersten Versuch gleich zerquetscht hat.

Welt der Technik

Welt der Technik

Ein junges Paar aus Biberach
ging im VW der Liebe nach
   und merkte froh,
     es geht auch so.
Doch seither klemmt das Schiebedach.

Ein Autofahrer aus Beuel
hat geträumt - und es war ihm ein Greuel -,
   er mußt mit dem Audi
     bis runter zum Saudi
und ihn bitten: "Please, give me some oil."

Der Mund einer Dame aus Diesbar
war mit einem Schlosse verschließbar.
   "Wie gut", sprach ihr Mann,
     "daß ich abschließen kann.
Nur mit Schloß ist Brunhilde genießbar."

Es verriet eine Frau aus Malaysia,
manchen Fehler des Gatten verzeih sie ja.
   Doch sie schiebe per pedes
   seinen alten Mercedes,
und er sage nur, stark genug sei sie ja.

Herr Schulz sprach im Auto bei Sinzenich:
"Ich such meine Schlüssel und find se nich."
   Doch Fräulein Schmitz
   auf dem Beifahrersitz
rief: "Pfui, Sie Wüstling, hier sind se nich!"

Im Lande der Bayern

Im Lande der Bayern

Ein Röslein aus St. Englmar,
um das stets ein Gedrängel war,
   blieb unberührt,
    weil jeder spürt,
wie dornenreich der Stengel war.

Im bayrischen Dorfe Freystadt
findet jedes Jahr Kirchweih im Mai statt.
   Und abends um zehn
    will noch keiner gehn,
denn um elf findet die Schlägerei statt.

Obwohl der Herr Meier aus Gauting
voller Inbrunst an seiner Braut hing,
   und trotz guter Küche
    ging der Bund in die Brüche,
weil ein Haar von der Braut oft im Kraut hing.

Es lebt in der Stadt Donauwörth
ein Mensch, der das Gras wachsen hört.
    Wiesen und Weiden
      pflegt er zu meiden,
weil ihn der Lärm so stört.

Bei Herrn und Frau Müller aus Freyung,
da kommt es sehr oft zur Entzweiung.
    Ihren Nachwuchs verdanken
      sie nur ihrem Zanken,
denn sie feiern so gerne Verzeihung.

Ein Mensch,
den man nicht vergißt

Ein Mensch, den man nicht vergißt

Seite 38

Ein steinalter Mann in Hessen
hat seinen Geburtstag vergessen.
    Da jeder Tag möglich,
     feiert er täglich
mit Singen und Saufen und Fressen.

Es verriet eine Dame aus Bünde,
daß sie allzeit bereit sei zur Sünde.
    Ihr sei jeder Tag recht,
     nur bitte nicht waagrecht,
weil sie dabei lieber stünde.

Ein einsamer Mensch aus Sittensen
gewann im Lotto. Jetzt bittensen
    zu Familientreffen,
     die Nichten und Neffen.
Er staunt, denn früher, da schnittensen.

Es besaß ein Mann in Saarbrücken
ein Weib voller Bosheit und Tücken.
    Er war schon längst tot,
    als sie ihm noch droht:
"Du Feigling, dich so zu verdrücken!"

Ein Statistiker, wohnhaft in Barzig,
treibt Bevölkerungsstudien und paart sich
    dabei mit 'zig Frauen
    und sagt: "Im Vertrauen,
nur so erhält unsere Art sich."

Man frug einen Bauern aus Hunan:
"Warum kommst du in zwei linken Schuhn an?"
    Er sprach: "Ihr habt recht,
    zwei linke sind schlecht."
Und er trug die zwei rechten von nun an.

Ein Sexprotz prahlte in Utah:
"Seht mein Organ, steht's nicht gut da?"
   Da sagten die Leute:
   "Das stört uns heute,
bitte tragen Sie doch ihren Hut da."

Ein steinreicher Onkel aus Sumpen,
der gestaltet mit Fetzen und Lumpen
   und manchmal auch nackend
   seinen Anblick so packend,
daß die Bettler ihm auch noch was pumpen.

Der Freigänger Emil aus Preetz,
der achtet beim Einbrechen stets
   auf die Etikette.
   Und liegt wer im Bette,
dann fragt er ganz höflich: "Wie geht's?"

Max Müller meidet Ingenried,
weil Ruth ihm dort zu Dingen riet,
   die sie bei Nacht
     mit ihm gemacht,
und dann zum Kauf von Ringen riet.

Man fragte Herrn Schramm aus dem Schwarzwald:
"Herr Schramm, das Haar Ihres Barts wallt
   fast bis zu den Zehen,
     stört das nicht beim Gehen?"
"Noch nicht", sprach er, "doch ich erwart's bald."

Italienische Reise

Italienische Reise

Eine Dame lebt in Venedig,
die ist mit achtzig noch ledig.
   Sie beklagt sich nicht,
    sie lächelt und spricht:
"Vielleicht war das Schicksal mir gnädig."

Ein Ehemann aus Librizzi,
der sagte zum Hausfreund: "Ich bitt Sie,
   meine Gattin Helene
    hat heute Migräne,
jedoch meine Tochter vertritt sie."

Ein Gastwirt verriet in Trastevere:
"Die Kochkunst, das ist was für Clevere.
   Noch hat kein Romtourist
    eine Katze vermißt,
wenn ich sie gut salze und pfeffere."

Es trug ein Mensch in Triest
eine Tafel, auf der stand: "PROTEST!"
    Zwar wurde nicht klar,
    wogegen er war,
doch er hielt sich stramm daran fest.

Eine Dame lief über den Corso
mit fast gänzlich entkleidetem Torso.
    Und das Volk um sie her
    rief begeistert: "Zeig mehr!"
Doch sie winkte nur ab, denn sie fror so.

Ein Jüngling lebt in Gabicce,
der beim Rendezvous frei nach Nietzsche
    jede Maid, die sich ziert,
    mit der Peitsche traktiert.
Ganz Gabicce hört nachts das Gequietsche.

Italienische Reise

Jahrmarkt
der Peinlichkeiten

Jahrmarkt der Peinlichkeiten

Seite 50

Ein Oberschüler aus Gimbte
sprach zur Freundin voll Stolz (und es stimmte):
"Du bist schon die vierte,
mit der ich poussierte."
Da sprach sie: "Und du bist der siembte."

Die Fußballmannschaft von Emden
weckt beim Schiedsrichter oft Befremden.
Schießt der Gegner ein Tor,
dann weint sie im Chor
und zerreißt sich die Hosen und Hemden.

Die vergeßliche Gustel aus Mendig,
die wechselt die Liebhaber ständig.
Und wenn die ohne Hüllen
ihre Pflichten erfüllen,
sagt sie manchmal: "Ich glaube, ich kenn dich."

"Ach könnt ich", sprach Wilma aus Wandersleben,
"nur für immer im Haus Alexanders leben!"
    Sie bekam Alexander.
    Aber der ist ein Mann, der
möchte jetzt gerne woanders leben.

Es sprach ein Professor aus Seattle:
"Ich hab vor dem Kopfe ein Brettl,
    ich vergaß um halb sieben,
    meine Gattin zu lieben.
Jetzt schreib ich's mir auf einen Zettel."

Prinz Hamlet, der mußt in Zweibrücken
sich nach dem Souffleurkasten bücken.
    Dann schrie er: "Ich hör
    leider nichts vom Souffleur!"
Der schlief bei den klassischen Stücken.

Herr Jonathan Müller aus Huchzen
hat geglaubt, seine Frau werde schluchzen,
    wenn sie ihn nicht mehr hätt,
    legt sich scheintot ins Bett
und vernahm von der Gattin ein Juchzen.

Sprach ein Ehemann im Karakorum:
"Meine Frau will's mal so und mal so rum.
    Und ich find's auch ganz nett
    in der Nacht und im Bett,
aber doch nicht bei Tag auf dem Forum!"

Es rief eine Mutter in Sendenhorst:
"Leg sofort das Beil aus den Händen, Horst!
    Trotz meinem Verbot
    schlugst du Großvati tot,
wo soll denn das bloß noch enden, Horst?"

Ein Ehemann lebte in Grauel,
der war für die Liebe zu faul.
   Er sprach zur Gemahlin:
   "Nimm doch Franz. Ich bezahl ihn,
und wenn's sein muß, auch Peter und Paul."

Unbekanntes Frankreich

Unbekanntes Frankreich

Ein Liebespaar in Toulouse,
das trennte sich ohne Gruß,
    denn jeder von beiden
    war unbescheiden
und sagte beim Sex nur: "Tu du's."

Ein munteres Brautpaar aus Cannes
das wußte nicht, wie, wo und wann,
    war ganz unbelehrt,
    machte alles verkehrt
- und fand Gefallen daran.

Ein Kettenraucher aus Nizza,
der im Tank seines Wagens nach Sprit sah,
    flog mit 'nem Krach
    durchs Garagendach
einem staunenden Gast in die Pizza.

Es genoß eine Dame aus Metz
nach der Hochzeit die Freuden des Betts.
   Schon nach wenigen Tagen
   begann sie zu fragen:
"Schön und gut. Und was machen wir jetz?"

Erste Hilfe

Erste Hilfe

"Ich war", sprach ein Mädchen aus Calw,
"in Rolf verliebt und in Ralf,
   und konnt zwischen beiden
   so schwer mich entscheiden.
Da nahm ich Joachim. Das half."

Schon seit Jahren hat Gustav aus Jessern
mit dem wirksamsten von allen Wässern
   seine Platte begossen
   und bestellt unverdrossen
das Präparat jetzt in Fässern.

Eine Frau sprach zum Manne in Wüppels:
"Bitte kratz mich am Rücken, mich kribbelt's!"
   Worauf sie laut schrie,
   denn er kratzte sie
mit Hilfe eines Knüppels.

"Lieber Freund", sprach ein Mensch in der Pußta,
"warum trägst du den Dolch in der Brust da?
   Ich stieß ihn im März
   aus Zorn dir ins Herz,
doch was soll er denn noch im August da?"

Es hielt sich ein Herr aus Braunlage
unberührt bis zum Hochzeitstage,
   ging dann voll aus sich raus
   und verließ das Haus
am Morgen auf einer Trage.

Fromme Gedanken

… Fromme Gedanken

"Wie ein Christ", sprach der Pfarrer von Heinde,
"möcht ich leben. Ich lieb meine Feinde.
   Nicht einen, nicht zwei,
     und auch nicht dreie,
nein, ich liebe die ganze Gemeinde."

Es war eine Jungfrau in Sprakel,
die besaß einen Ruf ohne Makel.
   Und übers Jahr,
     als sie Mutter war,
da rief die Jungfrau: Mirakel!

Ein Kirchenlieddichter aus Hendungen
sucht nach christlichen Reimen und Endungen.
   Doch es war wie ein Fluch,
     im Reimwörterbuch
fand er stets nur obszöne Wendungen.

Eine fromme Dame aus Leuzigen
hat einen frivolen, kaltschnäuzigen,
   atheistischen Mann,
   und geht der mal ran,
dann muß sie sich vorher bekreuzigen.

Nordische Nächte

Nordische Nächte

Die schöne Sonja aus Hammerfest
stellt nachts in ihrer Kammer fest,
    daß Jan als Mann
    so manches kann.
Nur Jens hält sie noch strammer fest.

Es rief eine Dame in Schonen:
"Seid umschlungen, Millionen,
    ob arm oder reich!
    Aber nie zwei zugleich,
sonst gibt es Komplikationen."

Ein Lappe tat in den Tundren
eine junge Lappin bewundren:
    "Du herrliches Weib,
    wie schlank ist dein Leib."
Kurz darauf hatte sie einen rundren.

Wenn der Eskimo in der Arktis
vom Jüngling zum Manne erstarkt is,
   dann trainiert er den Kreislauf
     mit Sex und mit Eislauf.
Drum weiß er nicht, was ein Infarkt is.

Eine Frau sprach in Oslo am Fjorde:
"Ich faß mir ein Herz und ermorde
  meinen siebenten Mann.
  Vielleicht komm ich dann
ins Guinness-Buch der Rekorde."

Nordische Nächte

Mensch und Tier

Es prahlte ein Jäger aus Jever,
mit einem jeden Schuß träf er.
   Unter seinen Trophäen
    sind außer Rehen
drei Schafe, ein Hund und ein Schäfer.

Es lebt ein Gastwirt in Meppen,
der pflegt seine Gäste zu neppen.
   Doch als er flambierte
    Mäuschen servierte,
da merkten es auch die Deppen.

Es fragten zwei Knaben aus Zähringen,
die auf Sylt ihre Glieder ins Meer hingen:
   "Wie klappt wohl nur
    bei der Temperatur
die Fortpflanzung bei den Heringen?"

Im Abendgymnasium von Bebra,
da saß eines Tages ein Zebra.
   Es wollt seine Streifen
   endlich begreifen
dank Geometrie und Algebra.

Rätselhafte Fälle

Rätselhafte Fälle

Einem steinalten Mann aus Gumbinnen,
dem träumte, daß er mit Freundinnen
    etwas sehr Schönes machte.
    Doch als er erwachte,
da konnt er sich nicht mehr entsinnen.

In einem Schlosse in Sachsen
pflegt man das Parkett so zu wachsen,
    daß alle Gespenster
    beim Sprung durchs Fenster
sich die Gelenke verknacksen.

"Meine Frau", sprach ein Mann aus St. Märgen,
"faselt andauernd von sieben Zwergen,
    glaubt, sie selbst sei Schneewittchen,
    verschluckt Apfelschnittchen
und schläft mit mir nur noch in Särgen."

In einem Hotel unweit Mecheln
hört man nachts oft ein Ächzen und Hecheln.
    Und wird's wieder hell,
      fehlt ein Gast im Hotel.
Da vergeht dir beim Frühstück das Lächeln.

Es war mal ein Jäger aus Lügde,
dem manch schöne Chance mißglückte.
    Zu seinem Verdruß
      tat er immer den Schuß,
bevor er die Flinte zückte.

Ein Gast saß in Bunzlau am Bober
im Wirtshaus und sagte: "Herr Ober,
    ich bestellte im Mai
      eine Brühe mit Ei,
und wir haben inzwischen Oktober."

Afrikanische Spiele

Afrikanische Spiele

Ein vom Weine trunkner Aschanti
ertappte sein Weib in flagranti
   und lallte: "Aha,
    ich bin wohl schon da."
Und begab sich zurück zum Chianti.

Das Mädchen Gobi aus Nairobi,
das hat mit Tim und Tom und Toby
   allein, zu zweit, zu dritt, zu viert
    die tollsten Sachen ausprobiert.
Drum nennt man sie die Wüste Gobi.

"Ich ertrag", sprach ein Weib in Burundi,
"die Potentia coeundi
   meines Mannes nicht mehr,
    - ich greif jetzt zur Scher!"
Sic transit gloria mundi.

Doktor Jones, der aus Neugier in Kapstadt
Schwester Jane in den Ausschnitt gegrapscht hat,
   fühlte verwundert,
     ihr Puls stieg auf hundert.
Und es fand ein Kreislaufkollaps statt.

Anekdoten mit Toten

Anekdoten mit Toten

Schön-Rotraut, die brachte in Rottum
ihren Gatten mit Gift im Kompott um.
    Drauf sprach sie: "Ich fand
      ihn am Anfang charmant,
doch ich komm in dem ewigen Trott um."

Eine Rabenmutter warf Jonas,
ihr Kind, in den Amazonas.
    Und vor Gericht
      erklärte sie schlicht:
"Der Jonas war sowieso naß."

Es pflegt eine Dame in Oerzen
manchen Jüngling ins Unglück zu störzen.
    Mit Liebe umfängtsen
      und hinterher hängtsen
in den Kamin, und da dörrtsen.

Es sprach eine Dame in Exter:
"Mein jetziger Mann ist mein sechster.
   Aber eines ist bitter,
     er sieht aus wie mein dritter.
Drum frag ich mich, wer ist mein nächster?"

Einen fensterlnden Fremdling aus Molzen
warf Adelheid mit einem stolzen
   kategorischen "Raus!"
     zum Fenster hinaus.
Aber schon als er aufschlug, da wolltsen.

Amsel, Drossel, Storch und Specht

Amsel, Drossel, Storch und Specht

Es sprach eine Dame aus Niefern:
"Jener Specht, der dort pocht in den Kiefern,
   der erinnert mich wieder
   an meinen Karl-Frieder."
Doch wollt sie nicht sagen, inwiefern.

Es glaubte ein Mädchen aus Lorch,
die Kinder, die bringe der Storch.
   Sie bekam ein Sabinchen,
     einen Max, ein Christinchen.
Drauf sprach sie: "Jetzt blicke ich dorch."

Im Schwarzwald erzählt man am Kniebis,
daß ein hergeflogener Ibis
   (o Wanderer, horch:
     ein Ibis, kein Storch!)
die Mädchen dort einstmals ins Knie biß.

Im Reich der Töne

Seite 94 Im Reich der Töne

Zwei Fischerinnen aus Schwetzingen,
die konnten so schön im Duett singen,
    daß Karpfen und Zander
    und Hecht miteinander
herbeischwammen und im Netz hingen.

Ein Flötist kam nach Haus und rief: "Magda,
was soll denn im Bett dieser Frack da?"
    Der Dirigent,
    der bei Magda gepennt,
geriet vor Schreck aus dem Takt da.

Ein Orgelspieler aus Behrend,
der spielte, Mariechen entehrend,
    eine Fuge von Bach
    davor und danach
und auf zwei Manualen auch während.

Ein Dirigent lebt in Nausis,
für den jeder Auftritt ein Graus is,
    weil er den Mann
    nicht leiden kann,
der immer klatscht, bevor's aus is.

Kontroverse Verse

Kontroverse Verse

Es sprach eine Dame in Leer:
"Ich muß fasten, denn ich bin zu schwer.
    Doch das Fasten ist schwierig,
    ich werd dann so gierig,
und hinterher wieg ich noch mehr."

Es sprach eine Maid aus St. Ilgen:
"Ich würd es moralisch mißbilligen,
    wenn mal einer käme
    und sich dreist benähme.
Doch fand ich bisher keinen willigen."

Es versteckte ein Knabe aus Twiste
schon vor Jahren sich in einer Kiste
    und blieb drinnen bis jetzt,
    denn es hat ihn verletzt,
daß noch niemand gefragt hat: "Wo biste?"

Ein Hagestolz aus Leipzig spricht:
"Wer klug ist, der beweibt sich nicht,
   denn es fehlt meist
   dem Weib an Geist.
Ist Geist da, lohnt der Leib sich nicht."

In den Keller gesperrt wurde Melanie,
denn sie leerte beim Essen den Teller nie.
   Doch das Kind war so eigen,
   anstatt Reue zu zeigen,
verließ Melanie seither den Keller nie.

Ein treuloser Mann aus Hockenheim
schlich sich morgens um drei auf den Socken heim.
   Doch er fand, o Schreck,
   seine Frau, die war weg.
Und sie kam mit zerzausten Locken heim.

Es baten zwei Eltern aus Traisen
ihren Abkömmling um einen leisen,
    gedämpfteren Ton.
    Darauf machte der Sohn
sich selbst und die Brüder zu Waisen.

Ein Konservativer aus Äule,
der rief lauthals: "Die innere Fäule
    der Deutschen von heute
    ist enorm, liebe Leute!"
Jetzt trägt er am Kopf eine Beule.

Kontroverse Verse

Szenen aus den Niederlanden

Szenen aus den Niederlanden

Ein Naturwissenschaftler aus Zwolle,
der betrügt ab und an seine Olle
    und sagt ganz ohne Scham:
    "Ich leb gern monogam,
doch ich brauch dazu eine Kontrolle."

Eine Operndiva aus Vlissingen,
die wollte das hohe cis singen.
    Es gelang ihr indes
    weder cis noch ces,
weil zwei Kaugummis ihr im Gebiß hingen.

Ein Geldbriefträger aus Zandvoort
sprach: "Freunde, ich muß aus dem Land fort."
    Sie fragten: "Warum?"
    Doch er sagte nur: "Drum!"
Und alle verstanden die Antwort.

Ein verzweifelter Mensch lief in Delft
auf dem Marktplatz umher und schrie: "Helft!
   Meine Frau ist zu fett
     und paßt nicht ins Korsett."
Sie schafften es schließlich zu elft.

Vor einer Bustür in Leiden,
da konnten sich zwei nicht entscheiden,
   wer als erster voranging,
     und welcher erst dann ging.
Drum fuhr der Bus ohne die beiden.

Ein munteres Pärchen aus Zaandam,
das legte sich nachts auf den Bahndamm.
   Und wir wundern uns sehr,
     daß trotz regem Verkehr
nicht passiert ist, was alle geahnt ham.

Pathologische Limericks

Pathologische Limericks

Ein schwerkranker Mann aus Simmern,
der konnte vor Schmerz nur noch wimmern.
   Sprach der Doktor: "Nur Mut,
     die Sache steht gut,
jetzt kann es sich nicht mehr verschlimmern."

Man verjüngte Herrn Meier aus Mendig
mit sechs Austauschorganen inwendig.
   "Schon ganz gut", sprach Marianne,
     "doch bei meinem Manne,
da gelang mir der Austausch vollständig."

Ein gesunder Mensch hat in Eisleben
stets gesagt: "Ich pfeif auf dies Scheißleben!"
   Doch jetzt ist er kränklich,
     und sein Arzt blickt bedenklich.
Da möcht er um jeden Preis leben.

Es bemerkte ein Knabe aus Queck
an seinem Organ einen Fleck.
   Sein Schrecken war groß,
    doch der Doktor sprach bloß:
"Du Idiot, wisch den Lippenstift weg!"

Ein Statistiker pflegte in Würben
mit Statistik sein Weib zu zermürben.
   Sie schliefen im Stehn,
    weil, statistisch gesehn,
sie beim Liegen im Bett vielleicht stürben.

Es litt ein Herr Meier aus Vlotho
an der Struma, genannt Hashimoto.
   Ein Chirurg, der noch lernte,
    ging ran und entfernte
Herrn Meier aus Vlotho in toto.

Eine Dame aus Rott am Inn
war außergewöhnlich dünn.
    Sie trank durch ein Röhrchen
    ein kleines Likörchen
und rutschte hindurch und lag drin.

"Herr Doktor", sprach Max aus Scharbeutz,
"wenn ich mir die Nase schneuz,
    den Kopf dabei drehe
    und auf einem Bein stehe,
spür ich hier so ein Ziehen im Kreuz."

Man spritzte Herrn Meier aus Dorsten,
um sein schütteres Haar aufzuforsten,
    Frischzellen vom Schweine.
    Jetzt sind seine Beine
bedeckt mit rosigen Borsten.

Pathologische Limericks

Österricks

Zwei Pudelbesitzer aus Kärnten,
die Goethes Faust kennenlernten,
    sprachen: "Vorsicht ist besser!"
    Und nahmen ein Messer,
womit sie die Pudel entkernten.

Schießt der Kreisjägermeister von Wildshut
so zum Spaß dir ein Loch in den Filzhut,
    mußt du weitergehen,
    als wär nichts geschehen,
weil er sonst einen Schuß in die Milz tut.

Ein glückloser Mensch aus Naturns
sagte traurig: "Der Grund meines Murrns
    ist, daß Frauen und Katzen
    mich immer nur kratzen,
und bei andern Männern, da schnurrns'."

Für Frau Schmidt kam ein Briefchen aus Wörgl:
"Liebe Vroni, mich stört dein Genörgel.
   Du weißt ja, wir hatten
   noch Gift für die Ratten
im Schrank. Bitte nimm es. Dein Jörgl."

Ein Fettwanst zerstörte in Igls
durch gezielten Wurf eines Ziegels
   das feiste, quadratische
   unsympathische
Vis-à-vis des Toilettenspiegels.

Eine Ehefrau in Leoben,
die sagte: "Wo ich bin, ist oben,
   nicht unten, nicht seitlich,
   sonst werd ich unleidlich!"
So hat sich heut manches verschoben.

Ein Ehemann sagte in Gerlos:
"Liebe Edeltraut, es ist zwar ehrlos,
  die Gemahlin zu töten,
  doch scheint es vonnöten,
denn legal wird man dich ziemlich schwer los."

Sooft Fräulein Resi aus Liezen
mit Herrn Stangl allein ist, beknietsen:
  "Herr Stangl, ich find,
  nach dem dritten Kind,
da sollten wir uns nicht mehr siezen."

Der alte Herr Peter aus Prebl
hat noch heut für die Mädchen ein Faible.
  Sein Kreislauf belebt sich,
  und noch jedesmal hebt sich
bei Johann Peter der Hebel.

Eine Ehefrau hielt sich in Vill
bei der Liebe ganz mucksmäuschenstill
    und rief hinterher plötzlich:
    "Das war ungesetzlich,
woher wußtest du denn, was ich will!"

Pläne und Pleiten

Pläne und Pleiten

Es verschwieg ein Jüngling in Urft
einem Mädchen, so lieblich gekurvt,
    aus Furcht vorm Zerwürfnis
    sein Herzensbedürfnis.
Und dabei hätt er gedurft.

Es gelang Herrn Karl Schulze aus Bönen,
anstatt blindlings dem Laster zu frönen,
    dank hoher Moral
    schon dreihundertmal,
das Rauchen sich abzugewöhnen.

Es war mal ein Jüngling aus Schwerte,
der ein Mädchen von ferne begehrte
    und, als er von nah
    sich die Dame besah,
entsetzt rief: "Sie sind die Verkehrte!"

In Kurdistan gab's einen Kurden,
der hatte den Hang zum Absurden.
   In Null Komma Nix
   schrieb er Limericks,
die am Ende alle nichts hergaben.

Schweizericks

Schweizericks

Der Staatsanwalt Hörnli aus Bern
hört am Montag ein Witzli für Herrn.
    Es kapiert es und lacht
    Samstag abend um acht,
und am Sonntag tut er sich empörn.

Herr und Frau Stierli aus Murten,
die verhüten erfolgreich Geburten
    bei der Liebe im Wald,
    fest angeschnallt
an ihren Sicherheitsgurten.

Zwei Schwestern, die galten in Olten
bisher zwar als unbescholten,
    doch fahren sie gern
    von Olten nach Bern,
und wer weiß, was die beiden dort wollten.

Eine Schachspielerin aus Andermatt
liebt einen jungen Mann, der hat
   von Schach keinen Schimmer.
    Sie machen immer
ganz ohne Schach einander matt.

Zwei Bergsteigerinnen aus Hurnen
pflegten gern in der Felswand zu turnen.
   Und sie taten's ein Weilchen
    auch ganz ohne Seilchen.
Jetzt ruhn sie sich aus - in zwei Urnen.

Es sprach eine Dame aus Uzwil:
"Ich verdank meinem Gatten Lutz viel.
   Neulich liebte er mich
    so inniglich,
daß von den Wänden der Putz fiel."

Ein Biertrinker fand im Zug
ein totes Mäuschen im Krug.
    Der Wirt sprach: "Still - still,
      weil sonst jeder eins will,
und ich habe davon nicht genug."

Es war eine Hausfrau in Splügen,
die beschloß, ihren Mann zu betrügen,
    und ging auf den Strich.
    Doch mußte sie sich
auch dort mit dem Gatten begnügen.

Ein pedantisches Brautpaar in Chur,
das liebte exakt nach der Uhr.
    Eines Abends um zehn
    blieb die Uhr plötzlich stehn.
Wer sagt es den beiden jetzt nur?

Notiz

Folgende Limericks verdanken ihre Entstehung englischen Vorbildern.

Niefern:
An eccentric old person of Slough,
Who took all his meals with a cow,
    Always said, "It's uncanny,
    She's so like Aunt Fanny,"
But he never would indicate how.

Queck:
A worried young man from Stamboul
Discovered red spots on his tool.
    Said the doctor, a cynic,
    "Get out of my clinic!
Just wipe off the lipstick, you fool."

Rott am Inn:
There was a young lady of Lynn,
Who was so uncommonly thin
    That when she essayed
    To drink lemonade,
She slipped through the straw and fell in.

Sinzenich:
A guy with a girl in a Fiat
Asked, "Where on earth is my key at?"
    When he started to seek,
    She let out a shriek:
"That's not where it's likely to be at!"

Waldsassen: A delighted incredulous bride
              Remarked to the groom at her side:
                  "I never could quite
                  Believe till tonight
              Our anatomies *would* coincide."

Zug: A lady while dining at Crewe
              Found quite a large mouse in her stew.
                  Said the waiter, "Don't shout,
                  Or wave it about,
              Or the others will all want one too."

Notiz

Orte und Stichworte

A wie Andermatt

Äule 101
Amazonas 87
Amrum 11
Andermatt 126
Antillen 12
Arktis 70
Aschanti 83

B wie Bagdad

Bagdad 18
Balte 19
Barzig 40
Bandung 27
Bebra 76
Behrend 95
Bern 125
Beuel 31
Biberach 31
Bönen 121
Bober 80
Braunlage 18,62
Brünn 23
Bünde 39
Bunzlau 80
Burundi 83

C wie Cannes

Calw 61
Cannes 57
Chile 23
Chur 128
Corso 47

D wie Delft

Delft 106
Diesbar 31
Donauwörth 36
Dorsten 111

E wie Exter

Eisleben 109
Emden 51
Exter 88

F wie Freystadt

Fessenheim 17
Finnland 26
Fjorde 71
Freystadt 35
Freyung 36

G wie Gimbte

Gabicce 47
Gauting 35
Gerlos 117
Gimbte 51
Grauel 54
Guernsey 12
Gumbinnen 79

H wie Hammerfest

Halle 23
Hammerfest 69
Hardtwald 26
Hawaii 13
Hebriden 12

Seite 133

Heinde	65
Hendungen	65
Hessen	39
Hockenheim	100
Huchzen	53
Hunan	40
Hungen	27
Hurnen	126

I wie Isny

Igls	116
Imst	26
Ingenried	42
Inn	111
Isny	18

J wie Jever

Jessern	61
Jever	74
Jonas	87
Jutta	24

K wie Kärnten

Kärnten	115
Kalkutta	24
Kapstadt	84
Karakorum	53
Kniebis	92
Kurden	122

L wie Lesbos

Leer	99
Leiden	106
Leipzig	100
Leoben	116
Lesbos	13
Lette	27
Leuzigen	66
Librizzi	45
Liezen	117
Lorch	92
Lügde	80

M wie Murten

Magda	95
Malaysia	32
Malente	17
Mecheln	80
Melanie	100
Mendig	51,109
Meppen	74
Metz	58
Molzen	88
Murten	125

N wie Nizza

Nairobi	83
Naturns	115
Nausis	96
Niefern	91
Nizza	57

O wie Olten

Oerzen	87
Olten	125
Oslo	71

P wie Peking

Peking	19
Prebl	117

Preetz 41
Pressig 24
Pußta 62

Q wie Queck

Queck 110

R wie Rottum

Rott am Inn 111
Rottum 87

S wie Sansibar

Saarbrücken 40
Säckingen 24
Sachsen 79
St. Englmar 35
St. Ilgen 99
St. Märgen 79
Sansibar 11
Scharbeutz 111
Schlettstadt 28
Schonen 69
Schwarzwald 42
Schwerte 121
Schwetzingen 95
Seattle 52
Sendenhorst 53
Simmern 109
Sinzenich 32
Sittensen 39
Splügen 128
Sprakel 65
Sumpen 41
Sylt 11

T wie Triest

Toulouse 57
Traisen 101
Trastevere 45
Triest 47
Tundren 69
Twiste 99

U wie Uzwil

Urft 121
Utah 41
Uzwil 126

V wie Vlotho

Venedig 45
Vill 118
Vlissingen 105
Vlotho 110

W wie Waldsassen

Waldsassen 17
Wandersleben 52
Wildshut 115
Wörgl 116
Wüppels 61
Würben 110

Z wie Zwolle

Zaandam 106
Zähringen 74
Zandvoort 105
Zug 127
Zweibrücken 52
Zwolle 105